Karl Dauderhof

Staatsrecht II. Mitschrift der Vorlesung

GRIN Verlag

Bibliografische Information der Deutschen Nationalbibliothek:

Die Deutsche Bibliothek verzeichnet diese Publikation in der Deutschen National-bibliografie; detaillierte bibliografische Daten sind im Internet über http://dnb.d-nb.de/ abrufbar.

Dieses Werk sowie alle darin enthaltenen einzelnen Beiträge und Abbildungen sind urheberrechtlich geschützt. Jede Verwertung, die nicht ausdrücklich vom Urheberrechtsschutz zugelassen ist, bedarf der vorherigen Zustimmung des Verla-ges. Das gilt insbesondere für Vervielfältigungen, Bearbeitungen, Übersetzungen, Mikroverfilmungen, Auswertungen durch Datenbanken und für die Einspeicherung und Verarbeitung in elektronische Systeme. Alle Rechte, auch die des auszugsweisen Nachdrucks, der fotomechanischen Wiedergabe (einschließlich Mikrokopie) sowie der Auswertung durch Datenbanken oder ähnliche Einrichtungen, vorbehalten.

Impressum:

Copyright © 2014 GRIN Verlag GmbH
Druck und Bindung: Books on Demand GmbH, Norderstedt Germany
ISBN: 978-3-656-73114-6

Dieses Buch bei GRIN:

http://www.grin.com/de/e-book/279376/staatsrecht-ii-mitschrift-der-vorlesung

GRIN - Your knowledge has value

Der GRIN Verlag publiziert seit 1998 wissenschaftliche Arbeiten von Studenten, Hochschullehrern und anderen Akademikern als eBook und gedrucktes Buch. Die Verlagswebsite www.grin.com ist die ideale Plattform zur Veröffentlichung von Hausarbeiten, Abschlussarbeiten, wissenschaftlichen Aufsätzen, Dissertationen und Fachbüchern.

Besuchen Sie uns im Internet:

http://www.grin.com/

http://www.facebook.com/grincom

http://www.twitter.com/grin_com

Staatsrecht II

Schutz der Menschenwürde (Art. 1 Abs. 1)

Allgemeines:

- Schlüsselnorm für das Verständnis des gesamten GG → **tragendes Konstruktionsprinzip**
- Abs. 2: Verfassunggeber bekennt sich zu vorstaatlichen Menschenrechten
- Abs. 3: unmittelbare Verbindlichkeit
- Voranstellung der Menschenwürde → Staat ist kein Selbstzweck, sondern dient dem Zweck, die Menschenwürde zu schützen
- Menschenwürde geht teilweise über den Tod hinaus → postmortaler Persönlichkeitsschutz
- Menschenwürde als Grundrecht oder als Grund der Grundrechte?

Schutzbereich

- Probleme:
  → Menschenwürde ein Begriff mit zweieinhalbtausend jähriger Philosophie-geschichte
  →kultureller Zusammenhang einer Gesellschaft ergibt unterschiedliche Vorstellungen
  → worin liegt im Vergleich zum Recht auf Leben oder den Gleichheitsrechten das besondere der Menschenwürde?
  → wann beginnt Menschenwürde, wann endet sie? (→ Nidation und Hirntod?)
- Zwei unterschiedliche Auffassungen:
  → 1) **ein dem Menschen von Gott oder der Natur mitgegebener Wert**, der niemals verloren gehen kann → **„Mitgifttheorie"**
  → niemals und nirgends ganz ohne Rechte, jeder Mensch bringt gewisse Rechte als Mindestausstattung in die Rechtsordnung mit ein
  → 2) Mensch hat seine Würde aufgrund seines eigenen selbstbestimmten Verhaltens → **„Leistungstheorie"** (Problem: Handlungs- oder Willens-unfähige Menschen)

Eingriff

- Objektformel: **Der Mensch darf niemals zum bloßen Objekt der Staats-gewalt gemacht werden** → Problem: sehr unbestimmt
- Typische Eingriffe: Sklaverei, Menschenhandel, Folter, Entzug des Existenz-minimums etc.

Rechtfertigung

- Kein Gesetzesvorbehalt
- Durch Art. 79 Abs. 3 besonders geschützt → daher auch kein kollidierendes Verfassungsrecht
- Ausnahme: nur bei Kollision mit ebenfalls durch Art. 79 Abs. 3 geschützte Güter ist eine Abwägung unter Umständen denkbar → aber: Menschenwürde wird als oberster Wert der freiheitlichen Demokratie verstanden, alle in Art. 20

genannten Verfassungsgrundsätze bestehen gerade um der Menschenwürde willen
- Kein Eingriff in die Menschenwürde des Einen, um die Menschenwürde des Anderen zu schützen
- **Jeder Eingriff in die Menschenwürde stellt somit einen Verstoß gegen sie dar**

Freie Entfaltung der Persönlichkeit (Art. 2 Abs. 1)

Allgemeines:

- **Auffanggrundrecht** gegenüber speziellen Grundrechten → tritt hinter diese zurück
- Nur bedeutend wenn bei keinem einschlägigen Grundrecht der Schutzbereich eröffnet ist
- Art. 2 Abs. 1 wurde von der Rechtssprechung des BVerfG weiterentwickelt

Schutzbereich

- Zweigeteilt:
  → Allgemeine Handlungsfreiheit
  → Allgemeines Persönlichkeitsrecht (iVm Art 1 Abs. 1)

- **Allgemeine Handlungsfreiheit** umfasst nahezu jedes menschliche Handeln
  → Schutzbereich ist sehr groß
  → eröffnet damit in weitem Umfang die Verfassungsbeschwerde
- **Allgemeines Persönlichkeitsrecht** (→ Persönlichkeitskerntheorie)
  → Selbstbestimmung: Recht auf Datenschutz (Recht auf den eigenen Namen, Kenntnis der eigenen Abstammung, Recht auf Fortpflanzung usw.)
  → Selbstbewahrung: Recht auf Privatsphäre (Schutz eines Rückzugraums; Sphärentheorie unterscheidet zwischen unantastbarer Intimsphäre und Privatsphäre)
  → Selbstdarstellung: Recht am eigenen Wort und Bild (Schutz der persönlichen Ehre, Schutz vor heimlichen Mit- oder Abhören, Recht auf Gegendarstellung usw.)

Eingriff:

- Problem: **jegliche Beeinträchtigung stellt einen Eingriff dar**
- Daher liegt ein Eingriff nur vor wenn:
  → es sich um eine rechtliche (nicht faktische) Maßnahme der Staatsgewalt handeln
  → die Maßnahme muss gegen einen Einzelnen gerichtet sein, nicht gegenüber Dritten

Rechtfertigung:

- Drei unmittelbare Verfassungsschranken (**Schrankentrias**)
  → Verfassungsmäßige Ordnung
  → Rechte anderer
  → Sittengesetz

- Nur die Schranke der verfassungsmäßigen Ordnung spielt in der Rechts-sprechung eine Rolle → dies wird als die Gesamtheit aller Normen, die formell und materiell mit der Verfassung vereinbar sind aufgefasst (→ letztlich ein einfacher Gesetzesvorbehalt)
- Prüfung des Verhältnismäßigkeitsgrundsatzes → je stärker der Eingriff in Art. 2 Abs. 1, desto sorgfältiger muss die Norm begründet sein

Recht auf Leben und körperliche Unversehrtheit (Art. 2 Abs. 2 S. 1)

Allgemeines:

- Problem: wann beginnt das Leben und wann endet es?
  → Nidation bis Hirntod

Schutzbereich:

- **Recht auf Leben**: Schutzgut ist das menschliche Leben
- **körperliche Unversehrtheit**: Integrität der Körpersphäre → Gesundheit im physiologischen und geistig-seelischen Sinne

Eingriff:

- Recht auf Leben
  → Verhängung und Vollstreckung der Todesstrafe
  → finale Rettungsschuss
  → Pflicht zum Einsatz von Leben und Gesundheit (Polizei, Feuerwehr usw.)
- körperliche Unversehrtheit
  → Folter
  → Menschenversuche
  → Impfzwang
  → Blutentnahme
  → zwangsweise Veränderung der Haar- und Barttracht
- geringe Intensität einer Beeinträchtigung der körperlichen Unversehrtheit schließt einen Eingriff nicht aus

Rechtfertigung:

- Gesetzesvorbehalt → aber: staatliche Eingriffe sind in diesem Fall von sehr hoher Intensität
- **Wesentlichkeitslehre**: Eingriff muss auf Grundlage eines Parlaments-gesetzes erfolgen, eine Rechtsverordnung reicht in der Regel nicht aus
- Schranken-Schranken
  → Art. 102 (Abschaffung der Todesstrafe)
  → Art. 104 Abs. 1 S. 2 (Folterverbot)
- Grundsatz der Verhältnismäßigkeit ist hier besonders sensibel zu prüfen

Schutzpflicht und Schutzrecht:

- Hohe Schutzpflicht, da Grundrechtsverletzungen stets irreparabel sind

- Staat muss sich schützend und fördernd vor jedes Leben stellen → vor rechtswidrigen Eingriffen Dritter bewahren
- Aber: Staat hat einen erheblichen Handlungsspielraum → es gilt hier nur das **Untermaßverbot**

Freiheit der Person (Art. 2 Abs. 2 S. 2 und Art. 104)

Schutzbereich:

- Körperliche Bewegungsfreiheit / **Fortbewegungsfreiheit**: Jeder hat das Recht einen Ort aufzusuchen und ihn wieder zu verlassen (auch negativ)
- Ob jeder beliebige Ort aufgesucht werden kann ist ein Problem des Art. 11

Eingriff:

- Freiheitsentziehung (Art. 104), Arrest, Gefängnisstrafe
- Wehr- und Schulpflicht

Rechtfertigung:

- Art. 104 unterliegt **qualifiziertem Gesetzesvorbehalt**, gilt damit als **lex specialis** und verdrängt den in Art. 2 Abs. 2 S. 3 genannten einfachen Gesetzesvorbehalt
- Freiheitsbeschränkungen können damit nur auf der Grundlage eines förmlichen Gesetzes erfolgen (→ keine Rechtsverordnung, Vgl. Wesentlichkeitslehre)
- Freiheitsentziehungen müssen in der Regel im Voraus richterlich angeordnet werden
- Schranken-Schranke ist der Verhältnismäßigkeitsgrundsatz
  → lebenslange Freiheitsstrafe? (→ Regelungen zur Begnadigung und Aussetzung der Strafe)
  → Untersuchungshaft? (→ Aufklärung einer Straftat, Flucht- oder Verdunklungsgefahr)

Religions-, Weltanschauungs- und Gewissensfreiheit (Art. 4, Art. 12a Abs. 2 und Art. 140 iVm Art. 136 Abs. 1, 3, 4 sowie Art. 137 Abs. 2, 3, 7 WRV)

Allgemeines:

- Art. 140 verweist auf **Normen der Weimarer Reichsverfassung** → diese sind dem GG angegliedert und damit vollgültiges Verfassungsrecht
- Moderne säkulare Staaten sind aus Religionskriegen hervorgegangen und sind daher nun weltanschaulich neutral
- Art. 4 umfasst fünf Elemente: 1) Glaubensfreiheit, 2) Gewissensfreiheit, 3) Bekenntnisfreiheit, 4) Religionausübungsfreiheit, 5) Kriegsdienstfreiheit
- Problem: Religionsfreiheit kann zur Handlungsfreiheit religiös motivierten Verhaltens werden

<u>Schutzbereich:</u>

- Forum internum → Religiöser Glaube und moralische Überzeugung (**Denken**)
- Forum externum → Freiheit des religiösen und weltanschaulichen Bekenntnisses (**Handeln**)
- Positive und negative Religions- und Weltanschauungsfreiheit
- Glaube: Innere Überzeugung des Menschen von Gott und dem Jenseits → bzw. die Negation dessen
- Gewissen: Bewusstsein des Menschen vor der Existenz des Sittengesetzes
- Bekenntnis: Kundgabe des Glaubens und des Gewissens
- Art. 4 Abs. 3 als lex specialis zu Art. 4 Abs. 1 (→ Ersatzdienst kann daher nicht aus Gewissensgründen verweigert werden)

<u>Eingriff:</u>

- **Denken**: Staat versucht die Bildung und den Bestand religiöser, weltanschaulicher und moralischer Überzeugungen indoktrinierend zu beeinflussen
- **Reden**: Verpflichtung zum Schweigen oder Offenbaren
- **Handeln**: Unterlassen einer religiös motivierten Handlung wird gefordert
- Gewisse Wechselwirkung: Wer sich gegenüber einer staatlichen Anordnung auf entgegenstehende Glaubens- oder Gewissenspositionen beruft, kann diese nicht gleichzeitig verschweigen
- Individuelle Religionsfreiheit
- Kollektive Religionsfreiheit

<u>Rechtfertigung:</u>

- **Vorbehaltloses Grundrecht** → nur verfassungsimmanente Schranken kommen in Betracht
- Schranken in Art. 136 und 137 WRV werden durch Art. 4 GG überlagert
- Auch Art. 2 Abs. 1 kann laut BVerfG nicht als Gesetzesvorbehalt herangezogen werden, da alle Grundrechte eigenständig sind
- Schranken-Schranken
  → Übermaßverbot
  → Wesensgehaltsgarantie (Art. 19 Abs. 2)

Meinungs-, Informations-, Presse-, Rundfunk- und Filmfreiheit (Art. 5 Abs. 1, 2)

<u>Schutzbereich:</u>

- **Meinungsfreiheit**
  → Meinungsäußerung: **Werturteile**, die daher weder wahr noch falsch sind
  → Tatsachenbehauptungen sind nur geschützt, wenn sie wahr sind
  → nicht geschützt: <u>bewusst unwahre</u> Tatsachenbehauptungen
  → Problem: auch Tatsachenbehauptungen sind oftmals zugleich Werturteile
  → Äußerung und Verbreitung in Wort, Schrift und Bild → aber auch durch Gebärdensprache oder Schweigen
  → negative Meinungsfreiheit
- **Informationsfreiheit**
  → Möglichkeit, sich aus allgemein zugänglichen Quellen zu informieren

→ Quellen müssen demnach technisch geeignet und dazu bestimmt sein, der Allgemeinheit Informationen zu verschaffen (→ z.B. Zeitungen, Fernsehen, Plakate usw.)
→ negative Freiheit: Schutz vor unentrinnbar aufgedrängter Information
- **Pressefreiheit**
  → Presse: alle zur Verbreitung geeigneten und bestimmten Druckerzeugnisse
  → auch einmalig erscheinende Druckwerke wie Aufkleber, Flugblätter usw.
  → pressespezifische Tätigkeiten wie Recherche und Verbreitung einer Meldung
  → kein Spezialfall der Meinungsfreiheit, diese bleibt vielmehr bestehen
  → im Pressewesen tätige Personen und Unternehmen werden in der Ausübung ihrer Tätigkeit geschützt
- **Rundfunkfreiheit**
  → umfasst Radio und Fernsehen (→ redaktionelle Tätigkeit muss vorliegen)
  → öffentlich-rechtliche Rundfunkanstalten fallen ebenfalls in den Schutzbereich, da sie dem von Art. 5 geschützten Lebensbereich zuzuordnen sind
  → ähnlich der Pressefreiheit
- **Filmfreiheit**
  → alle Personen, die unmittelbar zur Entstehung des Films beitragen
  → dokumentarische Filme und Spielfilme

Eingriff:

- Meinungs-, Presse-, Rundfunk- und Filmfreiheit: Verbote oder Gebote zur Meinungsäußerung, Behinderung des Presse- und Rundfunkbetriebs usw.
- Informationsfreiheit: Zugang zu Informationen wird verwehrt oder zeitlich verzögert

Rechtfertigung:

- **Einfacher Gesetzesvorbehalt** → formelle Gesetze und Rechtsverordnungen
- Insbesondere Art. 5 Abs. 2, für Wehr- und Ersatzdienstpflichtige auch der Gesetzesvorbehalt in Art. 17a
- Problem: nicht jedes Gesetz kann „allgemein" sein, sonst würde es die gesondert genannten Schranken in Art. 5 Abs. 2 („zum Schutz der Jugend und in dem Recht der persönlichen Ehre") bereits enthalten
  → **Sonderrechtslehre**: Allgemeine Gesetze richten sich nicht gegen die Äußerung der Meinung als solche, vielmehr gegen die geistige Zielrichtung
  → **Abwägungslehre**: Allgemeine Gesetze schützen ein gesellschaftliches Gut, welches in der Abwägung wichtiger ist als die Meinungsfreiheit
- BVerfG verlangt **Meinungsneutralität allgemeiner Gesetze** → Verbot der Meinungsmissionierung und -diskriminierung
- Güterabwägung zwischen Schutz der Meinungsäußerung und geschütztem Rechtsgut
- Schranken-Schranke
  → Zensurverbot (für alle Grundrechte des Art. 5 Abs. 1)
  → Wechselwirkungslehre: Beschränkendes Gesetz muss im Lichte des Grundrechts ausgelegt werden und in dem Rahmen selbst eingeschränkt werden, wie es auch das Grundrecht einschränkt

Kunst- und Wissenschaftsfreiheit (Art. 5 Abs. 3)

Schutzbereich:

- **Kunstfreiheit**
  → Werk- und Wirkbereich von Kunst
  → **formaler** Kunstbegriff: Kunstwerk kann Werktypen wie Malerei, Lyrik, Theater usw. zugeordnet werden
  → **materieller** Kunstbegriff: „freie schöpferische Gestaltung"
  → **offener** Kunstbegriff: Mannigfaltigkeit des Aussagegehalts eines Kunstwerks ermöglich immer weitergehende Interpretationen
  → keine abschließende Definition des Kunstbegriffs, daher weit auszulegen
  → jeder ist geschützt, nicht nur anerkannte Künstler
  → aber: Kunstfreiheit erstreckt sich nicht auf die Inanspruchnahme oder Beeinträchtigung fremden Eigentums, Lebens usw.
- **Wissenschaftsfreiheit**
  → Ermittlung wahrer Erkenntnisse durch methodisch geordnetes und kritisch reflektiertes Denken
  → staatliche Hochschulen sind ebenfalls grundrechtsberechtigt
  → Schulen sind nicht erfasst → Art. 7 Abs. 1 als lex specialis
  → „Treue zur Verfassung" als Verkürzung des Schutzbereichs
  → eigenmächtige Beeinträchtigung von fremden Leib, Leben und Eigentum, fremder Ehre und Gesundheit sind ausgeschlossen

Eingriff:

- Verbote, Sanktionen (ähnlich Art. 5 Abs. 1)
- Forschungsverbot in bestimmten Bereichen (z.B. Klonverbot)
- Streichung finanzieller Mittel für die Hochschulen

Rechtfertigung:

- **Kein Gesetzesvorbehalt** → nur kollidierendes Verfassungsrecht kommt in Betracht
- Aber: Rechte Dritter als Schranke
- Schranken aus Art. 5 Abs. 2 sind nicht anwendbar, da Art. 5 Abs. 3 als lex specialis gilt

Versammlungsfreiheit (Art. 8)

Schutzbereich:

- **Versammlung vs. Ansammlung** → Versammlung beruft sich auf innere Verbindung durch gemeinsame Zweckverfolgung
- Schutzbereich auf **friedliche und waffenlose** Versammlung beschränkt
  → gewalttätiger oder aufrührerischer Verlauf macht eine Versammlung unfriedlich
- Aber: Rechtsverstöße Einzelner machen nicht die Versammlung als solche unfriedlich
- Welchen Zweck müssen diese verfolgen:
  → engster Schutzbereich: **öffentliche/politische Angelegenheiten**

→ zweiter Schutzbereich: Mischung aus privaten und öffentlichen Angelegenheiten
→ dritter Schutzbereich: jede andere gemeinsame Zweckverbindung (z.b. Fußballspiel oder Rockkonzert)
- BVerfG neigt dem engsten Schutzbereich zu
- Strittig ist die Personenzahl: 7 (Verein), 3 oder nur 2?
- Organisation und Vorbereitung, Werbung, Wahl des Ortes und des Zeitpunkts, Bestimmung der Teilnehmer, Anreise, Teilnahme, Zutritt

Eingriff:

- Verbot und Auflösung
- Anmeldung und Erlaubnis
- Staatliche Überwachungsmaßnahmen

Rechtfertigung:

- Versammlungen in geschlossenen Räumen: **kein Gesetzesvorbehalt** → nur kollidierendes Verfassungsrecht kommt in Betracht
- Problem: teilweise geschlossene Räume wie Stadion, Innenhof usw. → es geht wohl in erster Linie um seitliche Abgrenzungen
- Versammlungen unter freiem Himmel: **qualifizierter Gesetzesvorbehalt**
  → störanfällige oder gefährliche Versammlungen bedürfen einer Anmeldung
  → Eil- und Spontanversammlungen müssen unter Umständen nicht angemeldet werden
- Gilt nur für versammlungsspezifische Eingriffe → meinungsspezifische Eingriffe in Versammlungen sind durch Art. 8 iVm Art. 5 geschützt, Schranken finden sich dann in Art. 5 Abs. 2
- Art. 17a Abs. 1 als besondere Schranke für Wehr- und Ersatzdienstleistende
- Schranken-Schranke für Versammlungen in geschlossenen Räumen → ausdrücklicher Ausschluss von Anmeldung und Erlaubnis

Vereinigungs- und Koalitionsfreiheit (Art. 9)

Allgemeines:

- Allgemeine Vereinigungsfreiheit (Art. 9 Abs. 1)
- Koalitionsfreiheit (Art. 9 Abs. 3) → Vereinigungen zur Wahrung und Förderung der Arbeits- und Wirtschaftsbedingungen (Sonderfall der Vereinigungsfreiheit)

Schutzbereich:

- **Vereinigungsfreiheit**
  → **Doppelgrundrecht**: 1) gewährt Individuen das Recht, Vereine zu bilden (Individualgrundrecht), 2) schützt Vereine selbst ohne Rückgriff auf Art. 19 Abs. 3 (kollektives Freiheitsrecht)
  → Vereine und Gesellschaften stehen beispielhaft für jegliche **freiwillige** Vereinigungen, die einem **gemeinsamen Zweck** dienen

→ negative Vereinigungsfreiheit → Problem: öffentlich-rechtliche Zwangs-
vereinigungen wie Ärzte- oder Handelskammer
- **Koalitionsfreiheit**
→ Definition Koalition: **Gegnerfreiheit, Gegnerunabhängigkeit** und **Über-
betrieblichkeit** → in der jeweiligen Organisation <u>nur</u> Arbeitnehmer oder <u>nur</u>
Arbeitgeber, wirtschaftlich voneinander unabhängig
→ **Arbeits- und Wirtschaftsbedingungen**: beide Ziele müssen gemeinsam
angestrebt werden
→ individuelle Freiheit: Beitritt oder Fernbleiben einer Koalition
→ kollektive Freiheit: Abschluss von Tarifverträgen (→ Tarifautonomie)
→ **Drittwirkung**: rechtwidrige Beeinträchtigungen durch Private ist kraft
ausdrücklicher Verfassungsbestimmung (Art. 9 Abs. 3 S. 2) untersagt

Eingriff:

- Vom Gründungs- bis zum Auflösungsstadium sind Eingriffe denkbar
- Aber: Normen, welche Typen von Vereinigungen festlegen sind kein Eingriff
→ bloße Ordnungsvorschriften
- Negative Koalitionsfreiheit: Besserstellung von Gewerkschaftsmitgliedern

Rechtfertigung:

- Vereinigungsfreiheit: **qualifizierter Gesetzesvorbehalt** → Verbotsgründe sind
in Art. 9 Abs. 2 abschließend aufgezählt, nach anderen Gründen ist ein Verbot
somit nicht möglich
- Strafgesetze: allgemeine Strafvorschriften → kein gegen die Vereinigungs-
freiheit gerichtetes Sonderstrafrecht
- Verfassungsmäßige Ordnung: zu verstehen wie Art. 21 Abs. 2 S. 1 → „freiheit-
lich demokratische Grundordnung"
- Völkerverständigung: Minderwertigkeit von bestimmten Rassen, Völkern oder
Nationen darf nicht propagiert werden
- Koalitionsfreiheit: **kein Gesetzesvorbehalt** → verfassungsimmanente
Schranken
- Art. 9 Abs. 2 ist nicht auf die Koalitionsfreiheit anwendbar → Eine Koalition,
die sich die Zwecke aus Art. 9 Abs. 2 setzt, ist nach Definition keine Koalition
- Schranken-Schranke: Art. 9 Abs. 3 S. 3 → Arbeitskämpfe können nicht
eingeschränkt werden

Brief-, Post- und Fernmeldegeheimnis (Art. 10)

Allgemeines:

- Problem: Privatisierung der Post → wer ist grundrechtspflichtig?
- Schutzpflicht des Staates → Staat muss durch gesetzliche Regelungen
gewährleisten, dass die Nachfolgeunternehmen dem Art. 10 ebenso
verpflichtet sind

Schutzbereich:

- **Briefgeheimnis**
  → alle individuellen schriftlichen Mitteilungen zwischen einem Absender und Empfänger
  → also Mitteilungen außerhalb des Postverkehrs (z.b. Boten)
  → Inhalt, Absender, Empfänger und Beförderer sind geschützt
- **Postgeheimnis**
  → alle postalisch beförderten Sendungen wie Brief, Postkarte, Paket usw.
  → verliert durch Nachfolgeunternehmen der Deutschen Bundespost mehr und mehr an Bedeutung und tritt hinter das Briefgeheimnis zurück
  → aber: auch nicht-individuelle schriftliche Mitteilungen sind geschützt
- **Fernmeldegeheimnis**
  → gesamte individuelle Kommunikation über das Medium drahtloser oder drahtgebundener elektromagnetischer Wellen (z.b. Telefon, Telefax, Mobilfunk, Internet, email usw.)
  → Kommunikationsinhalt und -hergang (d.h. wer mit wem telefoniert hat)
  → kein Schutz nach Abschluss des Kommunikationsvorgangs

Eingriff:

- Inhalt der Kommunikation
- Abhören von Telefongesprächen mittels Anzapfen der Fernmeldeanlagen
  → Lauschangriff mittels Wanzen fällt unter Art. 13
- Statistische Erhebungen zur Tatsache und Umständen der Kommunikation
- Betriebsbedingte Maßnahmen, wie das Sortieren der Sendungen sind hingegen zulässig

Rechtfertigung:

- **einfacher Gesetzesvorbehalt** → Gesetz zur Beschränkung des Brief-, Post- und Fernmeldegeheimnisses
- Erweiterung des Gesetzesvorbehalt gemäß Art. 10 Abs. 2 S. 2 → Betroffenen muss Abhör- und Überwachungsmaßnahme nicht mitgeteilt werden (erst nach Beendigung der Maßnahmen)
- Daher: parlamentarische Kontrolle ersetzt bei Art. 10 Abs. 2 den Rechtsweg

Berufsfreiheit (Art. 12)

Allgemeines:

- Faustformel: Art. 14 Abs. 1 schützt das Erworbene, Art. 12 den Erwerb
- Beruf: **Eine auf Dauer angelegte der Schaffung und Erhaltung der Lebensgrundlage dienende Tätigkeit, die nicht verboten ist**

Schutzbereich:

- Berufsfreiheit umfasst **Berufswahl** und **Berufsausübung**
- Aber: kein „Recht auf Arbeit"

- **Öffentliche Ämter: Art. 33 Abs. 2** reduziert den Schutzbereich von Art. 12 Abs. 1 hinsichtlich der Berufswahl auf das Recht des gleichen Zugangs
- **Staatlich gebundener Beruf: zunächst Art. 12 einschlägig,** Art. 33 Abs. 2 jedoch ebenfalls zu berücksichtigen
- Ausbildungsfreiheit → berufsbezogene Qualifikation
- Berufsbilder sind nicht fixiert
- Negative Berufsfreiheit

<u>Eingriff:</u>

- Eingriff in die Berufsfreiheit bedarf einer **berufsregelnden Tendenz**
- Eingriffe können in **zwei Dimensionen** (→ **Wie: in die Berufsausübung, Ob: in die Berufswahl**) und drei Intensitäten auftreten (3-Stufen-Theorie)
  → 1) Berufsausübungsregelungen (Wie)
  → 2) subjektive Zulassungsbeschränkungen (Ob)
  → 3) objektive Zulassungsbeschränkungen (Ob)
- **Berufsausübungsregelungen** regeln <u>wie</u> ein bestimmter Beruf ausgeübt werden darf → z.b. Helmpflicht für Bauarbeiter
- **Subjektive Zulassungsbeschränkungen** regeln <u>ob</u> ein Beruf ergriffen oder ausgeübt werden darf → subjektive, in der Person selbst liegende, Kriterien wie z.b. Staatsexamen, Meisterprüfung, Mindestalter
- **Objektive Zulassungsbeschränkungen** regeln <u>ob</u> ein Beruf ergriffen oder ausgeübt werden darf → objektive Kriterien, die mit der Person selbst nichts zu tun haben, wie z.b. Bedürfnisklauseln (Zulassung von Taxen oder Apotheken)
- Eingriff in Ausbildungsfreiheit ähnlich gegliedert
  → 1) ausbildungsbezogene Regelungen wie Arbeitszeit, Kündigungsschutz
  → 2) subjektive Regelungen wie Zugang zu Ausbildungsstätten nach Maßgabe persönlicher Qualifikation
  → 3) objektive Regelungen wie numerus clausus

<u>Rechtfertigung:</u>

- **einfacher Gesetzesvorbehalt** → Art. 33 macht gesetzliche Grundlage nicht entbehrlich
- auch bei Art. 12 Abs. 1 gilt die **Wesentlichkeitslehre**
- 3-Stufen-Theorie macht unterschiedliche Rechtfertigungsanforderungen nötig, die bei der Angemessenheit zu prüfen sind
  → 1) Berufsausübungsregelungen: Gerechtfertigt, wenn **vernünftige Gesichtspunkte der Zweckmäßigkeit** sie verlangen
  → 2) Subjektive Zulassungsbeschränkungen: Gerechtfertigt, wenn die Ausübung des Berufs ohne sie **unmöglich oder unsachgemäß** ist
  → 3) Objektive Zulassungsbeschränkungen: Gerechtfertigt zum Schutz **überragend wichtiger Gemeinschaftsgüter** (z.B. Finanzierbarkeit der sozialen Sicherungssysteme oder Volksgesundheit)

Unverletzlichkeit der Wohnung (Art. 13)

Allgemeines:

- echtes Individualrecht → Recht in Ruhe gelassen zu werden
- jeder der berechtigterweise in einer Wohnung lebt → kein Hausbesetzer

Schutzbereich:

- Begriff **Wohnung** ist **weit auszulegen** → Wohnwagen, Zelte, Hausboote, Hotelzimmer, Arbeits- und Geschäftsräume
- Umfasst alle Räume, auch Flure, Treppen, Garten usw.
- Aber: Gefängniszellen oder Soldatenunterkünfte sind keine Wohnungen

Eingriff:

- **Art. 13, Abs. 2: Durchsuchungen**
  → ziel- und zweckgerichtetes Suchen staatlicher Organe nach Personen oder Sachen, die der Inhaber der Wohnung von sich aus nicht herausgeben will
  → stehen unter Richtervorbehalt, soweit nicht „Gefahr in Verzug" besteht
- **Art. 13, Abs. 3: Großer Lauschangriff zum Zwecke der Strafverfolgung**
  → technische Mittel akustischer Art
  → repressive Strafverfolgung, Beschuldigter muss sich vermutlich in der Wohnung aufhalten
- **Art. 13, Abs. 4: Großer Lauschangriff zum Zwecke der Gefahrenabwehr**
  → akustische, optische und sonstige technische Mittel zur Überwachung
  → dringende Gefahr für die öffentliche Sicherheit
- **Art. 13, Abs. 5: Kleiner Lauschangriff**
  → zum Schutze eingesetzter Personen (V-Leute)
  → kein Eindringen in die Wohnung
- **Art. 13, Abs. 6: Berichtspflicht**
  → parlamentarische Kontrolle
- **Art. 13, Abs. 7: Sonstige Eingriffe und Beschränkungen**
  → Betreten, Besichtigen, Verweilen in der Wohnung zu einem anderen Zweck als dem der Durchsuchung

Rechtfertigung:

- Durchsuchungen
  → qualifizierter Gesetzesvorbehalt
  → nur vom Richter anzuordnen, daher müssen Gerichte organisatorisch gewährleisten, dass Richter erreichbar sind
  → Gefahr im Verzug: konkrete Gefahr → vorherige Einholung der richterlichen Anordnung würde den Erfolg der Durchsuchung gefährden
- Lauschangriffe
  → qualifizierter Gesetzesvorbehalt
  → richterliche Anordnung ist notwendig
  → keine Informationen aus dem Kernbereich privater Lebensgestaltung
- Sonstige Eingriffe
  → einfacher Gesetzesvorbehalt

- Schranken-Schranke
  → je länger und intensiver eine Abhöraktion ohne Kenntnis des Betroffenen durchgeführt wird, desto eher kann auch der **Wesensgehalt** des Grundrechts berührt sein (Art. 19 Abs. 2)

Eigentumsgarantie (Art. 14)

Allgemeines:

- Eigentumsgarantie konstituiert die Rechts- und Wirtschaftsordnung → soziale Marktwirtschaft
- Problem: **Inhaltsbestimmung des Eigentums liegt beim Gesetzgeber**
  → Staat schützt somit das als Eigentum, was er zuvor als solches definiert hat
- **Institutsgarantie** des Eigentums
- normgeprägtes Grundrecht

Schutzbereich:

- Eigentum umfasst alles, was das einfach Recht als Eigentum definiert
  → **Wandelbarkeit**
- Forderungen, geistiges Eigentum (Urheberrechte), dingliche Rechte, Recht am eingerichteten und ausgeübten Gewerbebetrieb
- Aber: Vermögen als solches fällt <u>nicht</u> in den Schutzbereich → Steuern sind möglich
- **Bestand** und **Nutzung** des Eigentums sind geschützt
- Erbrecht

Eingriff:

- Dreifache Eingriffsmöglichkeiten
  → **Inhalts- und Schrankenbestimmungen** (Art. 14 Abs. 1)
  → **Enteignung** (Art. 14 Abs. 3)
  → **sonstige Form**
- Inhalts- und Schrankenbestimmungen
  → können die Eigentumsfreiheit erweitern oder verkürzen
  → **abstrakt-generelle** Regelung über Rechte und Pflichten des Eigentümers
  → belässt dem Eigentümer das Eigentum, mindert es jedoch in seinem Wert
- Enteignung
  → **konkret-individuell** auf die vollständige oder teilweise Entziehung des Eigentums gerichtet
  → **Legalenteignung**: durch Gesetz einem bestimmten Personenkreis konkrete Eigentumsrechte entziehen
  → **Administrativenteignung**: aufgrund Gesetz durch administrative Maßnamen konkretes Eigentum Einzelner entziehen
  → zum **Wohle der Allgemeinheit**
- Sonstige Form
  → konkret-individuelle Handlungen der Judikative und Exekutive
  → **Anwendungs- und Vollzugsakte** konkretisieren die gesetzlichen Inhalts- und Schrankenbestimmungen

→ **enteignender** (rechtsmäßig) und **enteignungsgleicher** (rechtswidrig) Eingriff → rechtsmäßig, wenn alles versucht wurde, Beeinträchtigungen für die Betroffenen zu reduzieren

Rechtfertigung:

- Inhalts- und Schrankenbestimmungen
  → einfacher Gesetzesvorbehalt → also auch Rechtsverordnungen
  → **Sozialbindung des Eigentums**: Eigentum wird „gewährleistet" (Art. 14 Abs. 1, andererseits „verpflichtet" es und dient dem „Wohle der Allgemeinheit" (Art. 14 Abs. 2)
  → daher: Grundsatz der Verhältnismäßigkeit → je wichtiger eine Eigentumsposition für die Allgemeinheit, desto eher ist der Eingriff verhältnismäßig
  → unter Umständen **finanzielle Entschädigung**
  → Abfederung des Eingriffs durch **Härteklauseln** und **Übergangsregelungen**
- Enteignung
  → qualifizierter Gesetzesvorbehalt → nur Parlamentsgesetze
  → **Junktimklausel**: Gesetz muss eine Entschädigung vorsehen und deren Art und Ausmaß regeln → sonst verfassungswidrig
  → alter Grundsatz **„Dulde, aber liquidiere"** ist so **nicht mehr anwendbar**
  → Entschädigung kann nur eingeklagt werden, wenn sie im Gesetz geregelt ist
  → fehlt eine Entschädigungsregelung kann nur gegen die Enteignung selbst vorgegangen werden → keine Entschädigung ist möglich
  → Enteignungen können nur zum **Wohle der Allgemeinheit**, nicht aber aus rein fiskalischen Interessen stattfinden
- Sonstige Form
  → Entschädigung kann einen enteignungsgleichen Eingriff nicht nachträglich rechtfertigen oder einen enteignenden Eingriff rechtsmäßiger machen, als er bereits ist
  → daher: „Dulde und liquidiere" ist weder bei der rechtswidrigen Enteignung, noch dem rechtswidrigen enteignungsgleichen Eingriff und erst recht nicht bei einem rechtsmäßigen enteignenden Eingriff möglich
- Schranken-Schranke
  → Institutsgarantie setzt letzte Grenzen
  → über sie darf sich auch keine Eigentumsdefinition hinwegsetzen
  → Grundbestand von Normen, welche das Rechtsinstitut ausformen → **Privatnützigkeit**

Allgemeines Gleichheitsrecht (Art. 3)

Allgemeines:

- Weitere Gleichheitsgebote finden sich in Art. 6 Abs. 1 und 5, in Art. 33 Abs. 1-3 sowie Art. 38 Abs. 1 S. 1
- Gleichheitsaspekt ist auch den Freiheitsrechten immanent
- Problem: Was ist geboten? Absolute oder relative Gleichheit? → z.B. Steuern
- Art. 3 fordert **Rechtsanwendungsgleichheit** und **Rechtsetzungsgleichheit** (iVm **Art. 19 Abs. 1**)
- Ungleichheit kann nicht durch ungleiches Recht beseitigt werden

- Leistungsrechtlicher Aspekt → gleiche Teilhabe an öffentlichen Leistungen des Staates
- Prüfschritte: 1) Liegt eine Ungleichbehandlung vor? 2) Ist diese Ungleich-behandlung zu rechtfertigen?

Ungleichbehandlung von wesentlich Gleichem:

- Ungleichbehandlung muss durch **dieselbe Rechtsetzungsgewalt** erfolgt sein → unterschiedliche Landesgesetze sind also zulässig
- Wesentliche Gleichheit meint **Vergleichbarkeit** → gemeinsamer Oberbegriff ist nötig
- Ungleichheit ist gegeben, wenn eine Person rechtlich behandelt wird, eine andere Person in einer anderen Weise rechtlich behandelt wird, beide Personen jedoch unter dem selben Oberbegriff zusammengefasst werden → Bsp.: allein erziehende Mütter werden bei der Vergabe von Kindergarten-plätzen bevorzugt → gegenüber gemeinsam erziehenden Eltern ist diese Bevorzugung leicht zu begründen → gegenüber allein erziehenden Vätern allerdings nicht → nächster gemeinsamer Oberbegriff ist hierbei der der „Alleinerziehenden" nicht der der „Eltern"

Gleichbehandlung von wesentlich Ungleichem:

- Nachrangig zu betrachten, da aus jedem Problem der Gleichbehandlung auch ein Problem der Ungleichbehandlung gemacht werden kann

Rechtfertigung:

- Art. 3 Abs. 2 und 3 nennen **absolute Differenzierungsverbote** → Geschlecht (nur „objektive biologische Unterschiede") → Abstammung (biologische Beziehung zu den Vorfahren → Sippenhaft) → Heimat (emotional besetzte örtliche Herkunft nach Geburt oder Ansässigkeit) → Herkunft (sozialer, schichtenspezifischer Aspekt der Abstammung) → Rasse (Gruppe mit bestimmten vererblichen Eigenschaften) → Glauben und religiöse Anschauung → Sprache (Muttersprache) → politische Anschauung → Behinderung (nicht vorübergehende Beeinträchtigung der körperlichen, geistigen oder seelischen Funktionen)
- Diese **Kriterien taugen daher nicht für die Rechtfertigung** einer Ungleich-behandlung
- Aber: Art. 3 verbietet Ungleichbehandlung nicht absolut
- Intensität einer Ungleichbehandlung und damit auch die Anforderung an die verfassungsrechtliche Rechtfertigung wächst → je mehr das Kriterium personen- und je weniger situationsbezogen es ist → je mehr das Kriterium einem der Differenzierungsverbote ähnelt → je weniger der Betroffene das Kriterium beeinflussen kann

→ je mehr die Ungleichbehandlung den Gebrauch von Freiheitsrechten erschwert
- Ungleichbehandlungen **geringer Intensität** → **Willkürformel**: Ungleichbehandlung gerechtfertigt, wenn sich <u>irgendein</u> sachlicher Grund anführen lässt
- Ungleichbehandlungen **größerer Intensität** → **neue Formel**: Ungleichbehandlung gerechtfertigt, wenn sie
  → 1) einen **legitimen Zweck** verfolgt
  → 2) zur Erreichung dieses Zwecks **geeignet und notwendig** ist
  → 3) auch sonst in **angemessenem Verhältnis** zum Wert des Zwecks steht
- Verhältnis zwischen „Willkürformel" und „neuer Formel" → bei sachbezogener Ungleichgehandlung erstere, bei personenbezogener letztere
- Grund einer Ungleichbehandlung: Gesetzgeber findet in den vorgefundenen Gegebenheiten bereits einen Unterschied → z.B. Steuerlast

Prüfungsschema Freiheitsrechte

Zuständigkeit des BVerfG:

Die Zuständigkeit des BVerfG für die Verfassungsbeschwerde ergibt sich aus Art. 93 Abs. 1 Nr. 4a GG und §§ 13 Nr. 8a, 90ff BverfGG

Zulässigkeit:

1) Beschwerdefähigkeit

- **Natürliche Personen von Geburt bis zum Tod**
  → Ausnahme: Lebensschutz, Ehrenschutz
- **Deutschen- vs. Jedermann-Grundrechte**
  → Ausländer können sich im Zweifelsfall nur auf Art. 2 Abs. 1 berufen
- **Juristische Personen des Privatrechts** (z.B. GmbH oder AG)
  → wenn das Grundrecht seinem Wesen nach auf diese anwendbar ist (Art. 19 Abs. 3)
- **Juristische Personen des Öffentlichen Rechts** (z.B. Gemeinden oder Uni)
  → grundsätzlich nur bei Verfahrensgrundrechten
  → Ausnahmen: Rundfunkanstalten (Art. 5 Abs. 1 S. 2), Universitäten (Art. 5 Abs. 3 S. 1), Kirchen (Art. 4 Abs. 1 und Art. 140)

2) Prozessfähigkeit

- Fähigkeit Grundrechte prozessual geltend machen zu können
  → **Volljährigkeit**
- Bei Minderjährigen → **Grundrechtsmündigkeit** (Einsichts- und Entscheidungsfähigkeit)

3) Tauglicher Beschwerdegegenstand

- **Akt öffentlicher Gewalt**
- Umfasst alle drei Staatsgewalten: Legislative, Exekutive und Judikative

4) Beschwerdebefugnis

- a) **Möglichkeit einer Grundrechtsverletzung**
  → Grundrechtsverletzung darf nicht von vornherein ausgeschlossen sein
- b) Beschwerdeführer muss **selbst, gegenwärtig** und **unmittelbar** betroffen sein
  → selbst: Nur eigene Betroffenheit, keine Popularklage für andere
  → gegenwärtig: Eingriff muss zur Zeit stattfinden oder kurz bevorstehen (keine präventive VB)
  → unmittelbar: Der angegriffene Akt muss ohne weiteren Zwischenakt den Beschwerdeführer betreffen (Ausnahme: Bei Gesetzen kann nicht auf den Vollzug gewartet werden, wenn strafrechtliche Sanktionen drohen)

5) Rechtswegerschöpfung

- grundsätzlich: Ausschöpfung aller möglichen Rechtsmittel (→ BVerfG nicht als **Superrevisionsinstanz**)
- Ausnahmen: 1) gegen formelle Gesetze, da kein Rechtsweg eröffnet ist
  2) Vorabentscheidung, wenn VB von allgemeiner Bedeutung ist und der Gang durch die Instanzen nicht zugemutet werden kann

6) Form und Frist

- VB muss **schriftlich** (Brief oder Fax, keine email) erhoben und begründet werden
- Beschwerde gegen Gesetze: **Jahresfrist**
- Beschwerde gegen Urteile oder Verwaltungsakte: **Monatsfrist**

Begründetheit:

1) Schutzbereich

- **Persönlicher Schutzbereich**: Wer ist geschützt? Jedermann- oder Deutschengrundrecht?
- **Sachlicher Schutzbereich**: Was ist geschützt? Welche Handlungen fallen unter den Schutzbereich? Was geschieht wenn durch eine grundrechtlich geschützte Handlung Grundrechte anderer angetastet werden?

2) Eingriff

- Jedes staatliche Handeln, das dem Einzelnen ein Verhalten, welches in den Schutzbereich eines Grundrechts fällt, ganz oder teilweise unmöglich macht
- Eingriff durch eine **Maßnahme der Verwaltung** (Exekutive)
- Eingriff durch ein **Gesetz** (Legislative)
- Eingriff durch ein **Urteil** (Judikative)
- Mit <u>einer</u> VB kann, falls mehrere Eingriffe vorliegen, gegen <u>alle</u> vorgegangen werden

3) Verfassungsrechtliche Rechtfertigung

- **Verfassungsrechtliche Rechtfertigung eines Gesetzes**
  - **Formelle Rechtmäßigkeit**
    a) <u>Zuständigkeit</u>   → Durfte der Gesetzgeber diese Frage überhaupt regeln? (Art. 70ff)
    b) <u>Verfahren</u>   → Wurde das Gesetzgebungsverfahren einge-halten? (Art. 76ff)
    c) <u>Form</u>   → Wurden die Formvorschriften eingehalten? (z.B. Einhaltung des Zitiergebots Art. 19 Abs. 1 S. 1)
  - **Materielle Rechtmäßigkeit**
    a) <u>Verfassungsunmittelbare Schranke</u>
    → Schranke wird im Grundrecht selbst aufgezeigt
    b) <u>Einfacher Gesetzesvorbehalt</u>
    → keine besondere Anforderungen an das eingreifende Gesetz

c) Qualifizierter Gesetzesvorbehalt
→ Eingriff nur durch ein Gesetz das an bestimmte Situationen anknüpft, bestimmten Zwecken dient oder bestimmte Mittel benutzt
d) Verfassungsimmanente Schranken
→ kein Gesetzesvorbehalt
→ nur kollidierendes Verfassungsrecht kommt als Schranke in Frage (z.B. Grundrechte Dritter oder wichtige Verfassungsgüter)

o **Verhältnismäßigkeit**
a) Legitimer öffentlicher Zweck
→ Wohl der Allgemeinheit (eigentlich immer gegeben)
b) Geeignetheit
→ wenn die Erreichung des Ziels theoretisch möglich ist, ist das Gesetz geeignet (Prognoso-Spielraum)
c) Erforderlichkeit
→ wenn es kein milderes Mittel gibt, welches den gleichen Erfolg bringen würde
→ teilweise ist dies fraglich, im Zweifelsfall jedoch eher gegeben
d) Angemessenheit
→ Verhältnismäßigkeit im engeren Sinne
→ Güterabwägung
→ meistens der Schwerpunkt der Prüfung

o **Bestimmungen des Art. 19**
→ Zitiergebot (eingeschränkte Grundrechte müssen genannt werden)
→ kein Einzelfallgesetz
→ Wesensgehalt des Grundrechts darf nicht eingeschränkt werden

o **Bestimmtheitsgrundsatz**
→ Tatbestand und Rechtsfolge müssen klar sein (→ folgt aus Rechtsstaatsprinzip)

o **EU-Recht**
→ Gesetz darf nicht gegen europäisches Gemeinschaftsrecht verstoßen (Anwendungsvorrang des höherrangigen Rechts)

- **Verfassungsrechtliche Rechtfertigung bei Verwaltungshandeln oder Gerichtsurteil**

o **Verfassungsmäßigkeit der gesetzlichen Grundlage der Maßnahme**
→ zu prüfen ist das Gesetz, auf welches sich die Maßnahme stützt
→ Prüfung erfolgt nach dem oben beschriebenen Schema zur formellen und materiellen Rechtmäßigkeit

o **Verfassungsmäßigkeit der konkreten Maßnahme**
→ Legitimer öffentlicher Zweck
→ Geeignetheit
→ Erforderlichkeit
→ Angemessenheit

o **Art. 19 Abs. 2 / Bestimmtheitsgrundsatz / EU-Recht**

19

Prüfungsschema Gleichheitsrechte

Zuständigkeit des BVerfG:

Die Zuständigkeit des BVerfG für die Verfassungsbeschwerde ergibt sich aus Art. 93 Abs. 1 Nr. 4a GG und §§ 13 Nr. 8a, 90ff BVerfGG

Zulässigkeit:

- Zu prüfen wie bei Freiheitsrechten

Begründetheit:

1) Feststellung einer Gleich- bzw. Ungleichbehandlung

- Behandelt das Gesetz wesentlich Gleiches ungleich oder Ungleiches gleich?
  → **Bestimmung der Personengruppe** / Situation (z.B. türkische Pizzabäcker)
  → **Bestimmung einer Vergleichsgruppe** (z.B. deutsche Pizzabäcker)
  → **Gemeinsamer Oberbegriff** (Pizzabäcker)

2) Verfassungsrechtliche Rechtfertigung der festgestellten Ungleichbehandlung

- Formelle Verfassungsmäßigkeit des Gesetzes (Zuständigkeit, Verfahren, Form)
- Materielle Verfassungsmäßigkeit des Gesetzes
  → **Differenzierungsziel** (z.B. mehr Arbeit für deutsche Pizzabäcker)
  → **Differenzierungskriterium** (z.B. Staatsbürgerschaft)
  → **Abwägung**: Rechtfertigung der Differenzierung (**Willkürformel**: Ungleichbehandlung darf nicht willkürlich erfolgen, d.h. ein sachlicher Grund ist vonnöten **oder Neue Formel**: Abwägung, ob zwischen den zwei Gruppen so große Unterschiede bestehen, dass eine Ungleichbehandlung gerechtfertigt werden kann)

Begriffe

Übermaßverbot → Staat muss die Grundrechte als Abwehrrechte akzeptieren und daher nicht übermäßig in sie eingreifen
→ dies ergibt sich aus dem Rechtsstaatsprinzip

Untermaßverbot → Staat muss die Grundrechte aber auch als Schutzpflicht ansehen und darf sich daher nicht auf einen Schutz unter Maß begnügen